NO ES UNA CAJA

NO ES UNA CAJA

Antoinette Portis

FAKTORIA K DE LIBROS

Título original: Not a box, 2006

© de la edición original: HarperCollins, 2006
© del texto y de las ilustraciones: Antoinette Portis, 2006
© de la traducción: Chema Heras y Pilar Martínez, 2008
© de esta edición: Faktoría K de Libros, 2008
Urzaiz 125, bajo - 36205 Vigo
Telf: 986 127 334
faktoria@faktoriakdelibros.com
www.faktoriakdelibros.com

Primera edición: enero, 2008
Impreso en C/A Gráfica

ISBN: 978-84-96957-22-0
DL: PO 985-2007

Para todos los niños
que juegan con cajas de cartón

¿Qué haces sentado en esa caja?

No es una caja.

¿Por qué te has subido a la caja?

¡No es una caja!

¿Para qué echas agua a la caja?

¡Ya te he dicho que no es una caja!

Y ahora, ¿te vistes con la caja?

Esto no es una caja.

Pero, ¿todavía andas a vueltas con la caja?

¡Que no, no, no y no es una caja!

Entonces, ¿qué es?

Es mi...

no-es-una-caja.

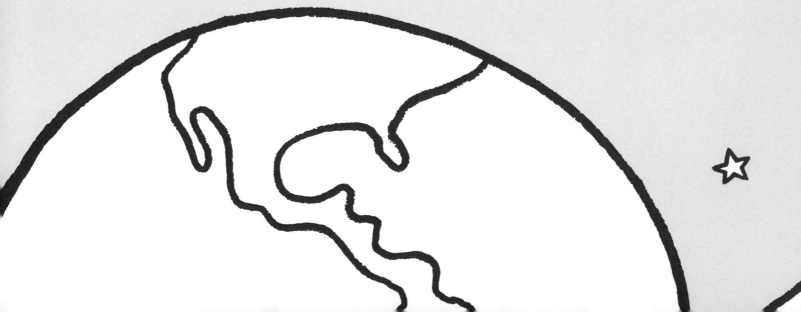